SOMMAIRE DES LEÇONS

DE LA

XIX° SESSION

DES

Semaines Sociales de France

Tenue à NANCY

du 1er au 7 Août 1927

LA FEMME DANS LA SOCIÉTÉ

LYON

IMPRIMERIE EXPRESS

46, Rue de la Charité, 46

1927

La Famille, donnée essentielle du Problème de la Femme

Leçon d'ouverture de M. Eugène DUTHOIT

Doyen de la Faculté de Droit de l'Université Catholique de Lille,
Président de la Commission Générale des Semaines Sociales.

Est-il vrai que, pour déterminer ce que la *femme* doit à la *société* et ce que la *société* doit à la *femme*, il soit indispensable de faire intervenir un troisième facteur : la *famille ?*

Tel est l'objet de cette leçon introductive.

PREMIÈRE PARTIE

Les faits : Examen de quelques témoignages

I. — La voix de la tradition

C'est dans la famille que se déploie l'activité de celle que le « Livre des Proverbes » dénomme la « femme forte ».

C'est là qu'elle exerce à merveille ses facultés et qu'elle sert excellemment la société.

II. — Les exigences de la « Lutte pour la Vie »

Les temps sont changés, dit-on. La femme, par la force des choses, contrairement à ses propres aspirations, est souvent conduite à chercher sa voie hors de la famille.

L'exercice d'une profession extra-familiale par la femme, spécialement par la femme mariée, voilà le fait nouveau, inéluctable, dont il faut s'accommoder.

Faut-il, pour cela, renoncer à l'idéal familial que la sagesse des siècles propose à la femme ?

III. — Libérons la Femme des « servitudes » du mariage et de la maternité

La « femme forte » ne serait pas l'épouse et la mère. Car dès l'instant où elle s'engage dans les liens du mariage, la voilà soumise à l'autorité d'un homme qui ne lui est nullement supérieur au regard de la nature.

La « femme forte » c'est l'égale de l'homme ; or, cette égalité requiert « l'amour libre » et la « maternité volontaire ».

Les mœurs contemporaines ne suivent que trop ce courant et, sous des formes variées, éclate l'égocentrisme effréné auquel la femme se laisse entraîner, en dépit de sa nature altruiste.

Au milieu de ces tendances et de ces faits contradictoires, quelle orientation donner à la pensée et à l'action ?

Les Sommaires que voici ne sont pas publiés pour dispenser les auditeurs de suivre les cours, mais bien pour aider à les mieux suivre. On est prié de ne pas applaudir, mais on est invité à prendre des notes. Voici pour cela des pages blanches.

DEUXIEME PARTIE

La réponse du catholicisme

I. — Pourquoi l'interroger ?

Des titres historiques, vérifiables même par ceux dont l'intelligence n'est pas illuminée par la foi, donnent aux enseignements de l'Eglise catholique une autorité inégalée. « Le prestige, la royauté de la femme, a dit un écrivain contemporain (1), c'est le christianisme qui les a faits ; ils disparaîtront avec lui. »

Tout ce que le christianisme a gagné dans l'esprit des hommes, tout ce que le catholicisme a fait pour maintenir intact l'esprit du Christ, c'est la femme qui en a été bénéficiaire.

Ce qui caractérise le règne social de Jésus-Christ, c'est le respect plein de pudeur et de chevaleresque dévouement qui protège la vertu, la délicatesse, l'honneur des femmes.

II. — Ce que nous apprend le Catholicisme sur le problème des rapports de la Femme et de la Société

La femme est une *personne.* Vérité banale en apparence, vérité méconnue pourtant. La femme a une fin personnelle, comme l'homme, quoique sa personnalité présente, par rapport à lui, des particularités propres, liées à des fonctions différentes.

Tout en restant libre par nature, la femme est appelée à s'unir à l'homme par le mariage et est alors soumise à son autorité. *Vir caput mulieris.* Elle est pour lui « l'aide proportionnée » dont parle la Genèse : ce qui n'empêche pas la femme, dans l'ordre de la grâce comme dans celui de la nature, de pouvoir égaler l'homme, et même le surpasser par l'excellence de ses dons et l'héroïcité de ses mérites.

Ainsi la femme complète l'homme ; la coopération de l'un et de l'autre est indispensable pour perpétuer, élever, instruire, sanctifier l'humanité. Sans doute, cette coopération ne s'exerce pas toujours dans une famille selon la chair, puisque la virginité est un état de vie supérieur au mariage. Mais pour le plus grand nombre, le mariage est la vocation providentielle, et c'est dans sa fonction d'épouse et de mère que la femme sert, ravitaille les deux Cités, celle de la terre, celle du Ciel. C'est

(1) René Boylesve.

par l'exercice parfait de sa fonction *féminine*, dans le monde ou dans la vie religieuse, que la femme porte au maximum le développement de sa personnalité.

TROISIÈME PARTIE

Applications à tirer des enseignements du Catholicisme

I. — Un premier bienfait

La réponse que nous avons demandée au catholicisme permet de porter un jugement motivé sur les systèmes, les tendances, les lois qui *nient* explicitement ou implicitement la personnalité de la femme, ou qui la *dénaturent*, en méconnaissant ce qu'il y a en elle de spécifiquement féminin. Est à rejeter tout ce qui tend à faire, « au lieu de femmes accomplies, des hommes manqués ».

Féminisme, non, si la femme et la famille doivent en être victimes ; féminisme, oui, si la femme et la famille doivent en tirer une nouvelle force.

II. — Quelques applications pratiques

a) En ce qui concerne la *vie professionnelle :* éviter, dans le choix d'une carrière, ce qui risque de dénaturer la personnalité de la femme et de l'éloigner de sa vocation providentielle ;

b) En ce qui concerne la *culture intellectuelle :* comme personne *humaine*, la femme *a droit* de savoir ; comme personne *féminine*, épouse et mère, chargée d'aider le mari et d'élever l'enfant, elle *doit* savoir ;

c) En ce qui concerne la *vie civique :* défendre la cité, c'est aussi défendre le foyer, dont la femme est la gardienne ; aussi n'est-ce point à tort qu'on la voit déjà, en beaucoup de pays, exercer l'électorat.

Conclusion

C'est toujours à la famille, donnée essentielle du problème de la femme, qu'on est ramené, sous quelque aspect — carrière, instruction, droits politiques — qu'on examine les rapports de la femme et de la société.

Les droits nouveaux qu'elle revendique ou qu'on réclame pour elle l'aideront-ils à remplir les trois fonctions solidaires d'épouse, de mère, de ménagère ? C'est à ce criterium qu'il faut les juger.

Vous pouvez vous procurer dès maintenant, au Service de Librairie, la brochure contenant le texte de la Déclaration d'ouverture de M. Dutholt. Ce texte ne paraîtra pas dans la « Chronique ».

Le Féminisme. Ses manifestations variées à travers les faits, les institutions, les mouvements d'opinion, les tendances

Cours de Mlle LÉONTINE ZANTA.

Docteur ès Lettres.

D'une manière générale, on entend par « féminisme » l'effort que fait la femme pour assurer son développement de personne humaine.

Ce féminisme est *individuel* quand il est tenté par la femme en tant qu'individu isolé ; il est *collectif* quand il est tenté par la femme en tant qu'individu faisant partie d'un groupe social déterminé.

Le *féminisme individuel* est de tous les temps. Son histoire est liée à celle de la culture féminine. Son évolution est marquée par l'apparition de fortes personnalités féminines. La haute culture féminine a été encouragée par l'Eglise. Exemples au IVe siècle, au Moyen Age, à la Renaissance, au XVIIe siècle.

Danger de ce féminisme. Une confusion peut se faire entre l'individu et la personne. Un individualisme exagéré peut déchainer, chez la femme, le désir d'une fausse liberté. D'où déviation de ce féminisme ; à preuve George Sand et le XVIIIe siècle. Influence nécessaire du christianisme et de l'Eglise pour le régler.

Le *féminisme collectif* peut être considéré comme l'ensemble des revendications présentées par un groupe organisé, se mettant au service de l'idée directrice de tout féminisme (droit qu'a la femme à son développement complet de personne) et tenant compte des exigences d'un milieu social déterminé. Il peut prendre la forme d'un féminisme *d'adaptation* ou d'un féminisme *de combat*.

Le *féminisme d'adaptation* procède par marche lente ; il est lié aux progrès mêmes du devenir social, lorsque ce devenir est orienté dans son vrai sens. Nous le trouvons au Moyen Age, encouragé par l'Eglise, lié aux institutions civiles et politiques de l'ancienne France : il est politique. Innocent IV, au XIIIe siècle, l'encourage. Au XIVe siècle, les femmes sont électeurs dans tout le Midi de la France... Ce féminisme est orienté par une politique favorable à la famille.

. . . .

Le *féminisme de combat* ou *de réaction* se manifeste lorsque la femme ne trouve plus sa place dans le milieu social brusquement changé. Elle réagit. Exemple : les premières manifestations, sans lendemain, de 1789 ; revendications des droits de la femme faite à l'instar de celle des droits de l'homme.

Le *féminisme saint-simonien*, fourriériste, etc..., lié à une conception socialiste du milieu social, de 1830 à 1848. Ce féminisme est à la fois théorique et pratique.

Pratique, il est marqué par de sérieuses tentatives d'organisation du travail. Le travail est devenu, pour la femme, le véritable instrument de la liberté. Ce féminisme est économique. Oscillations de ce féminisme suivant la façon dont est comprise la liberté. Déviations.

Ce féminisme est aussi politique. La révolution de 1848 en accélère le mouvement. Les journaux féministes, Jeanne Deroin, Pauline Roland, etc... combattent pour l'obtention des droits politiques.

Ce féminisme à tendances socialistes est combattu par les socialistes eux-mêmes : Proudhon.

Rôle échu au catholicisme : l'organisation du travail. Elle est faite par la loi des Syndicats (1884) votée avec la collaboration des catholiques.

Organisation des Ligues pour l'obtention des droits politiques. Les catholiques ont les leurs : l'Union Nationale pour le Vote des Femmes, l'Union Féminime Civique et Sociale.

Le féminisme actuel est, d'une manière générale, plus *collectif* qu'*individuel*.

Le développement intellectuel et moral de la femme s'est affirmé. Elle a donné des preuves de sa capacité de travail dans toutes les professions (libérales, administratives, commerciales, industrielles, manuelles) ; il ne lui reste donc plus qu'à organiser ce travail et à le défendre par l'obtention des droits politiques.

Malgré le terrain gagné, la confusion restant toujours possible entre l'individu et la personne, on peut s'expliquer les déviations du féminisme contemporain.

Sous la pression des faits économiques, ce féminisme tend à devenir utilitaire, d'un utilitarisme étroit, qui considère non plus les intérêts de la femme en général et en tant que personne humaine, mais les intérêts de chaque femme en particulier, qui veut vivre sa vie. Ce féminisme est alors destructeur de la

Une feuille contenant la liste des visites et excursions de la Semaine est en dépôt au Secrétariat. Si vous ne la possédez pas il faut la demander.

famille. Sa répercussion dans les lois : le divorce, par exemple.

C'est à l'Eglise de le réformer, en faisant prédominer un féminisme *d'adaptation* convenant à la femme de tous les temps et de chaque temps en particulier.

(Cf. Léontine ZANTA : *Psychologie du féminisme*, chez Plon.)

La nature féminine : conséquences des notions fausses sur cette nature

Cours de M. J. VIALATOUX

Le conflit qui se manifeste entre la société et la femme nous invite à rechercher, dans la nature même de l'une et de l'autre, les principes de leur convenance mutuelle nécessaire.

I. — En quel sens y a-t-il lieu de parler d'une *nature féminine ?* L'importance des leçons biologiques devant cette question est capitale. Car l'unité du *composé* rend l'être humain, en son activité totale, solidaire de sa nature biologique. Mais l'*individualité* féminine incarne en la femme comme en tout être humain, une *personne ;* et cela commande et dirige toute la nature de la femme. En ce problème plus qu'en tout autre, la confusion de la *personne* et de l'*individu* serait non moins grave que leur *séparation*.

II. — La reconnaissance d'une nature féminine dans la réalité humaine nous est une occasion privilégiée de définir la *nature sociale* de l'homme. Car elle est, de cette socialité essentielle, tout à la fois la source primitive et l'authentique signature.

III. — De la double reconnaissance d'une nature féminine dans la réalité humaine et de la nature sociale de l'être humain, découlent des conséquences dont la portée est grande pour l'intelligence du mouvement féministe dans la société moderne.

A) La femme et la société ont besoin l'une de l'autre. La société a besoin de la femme parce qu'elle a besoin du salut de l'espèce ; mais elle a besoin, pour que soit sauvée l'espèce, de la femme « *personne* », et ce n'est donc qu'en respectant en la femme les droits de la personne, que la société peut espérer le concours personnel féminin. — La femme a besoin de la société : comme toute personne humaine d'abord ; en tant que femme ensuite ; car ce n'est que dans une société organisée selon la norme de la nature humaine véritable, et en fonction de la *famille*, que la femme y peut tenir un rôle féminin.

B) Le féminisme est un mouvement de réaction contre la méconnaissance de ces vérités naturelles. Comment le juger du point de vue des principes établis ? Il porte, en son fond essentiel, le sens instinctif profond de la *personnalité* de la femme, et des droits qui s'y attachent. Le féminisme, en ce sens, est vrai, et il est, consciemment ou non, d'inspiration chrétienne. — Le féminisme moderne cependant est marqué par une tendance à déformer ce *personnalisme* en *individualisme :* revendication par l'individu féminin, comme tel, du droit et des moyens de se suffire à soi-même. — Cette déviation, méconnaissance de la nature sociale de l'homme, et de là l'existence d'une nature féminine dans la réalité humaine, est le résultat, pratiquement inévitable, d'une conception fausse et d'une fausse organisation de la société. C'est le logique aboutissant de l'individualisme moderne. Il serait vain d'attendre l'arrêt ou la rectification de ce mouvement dévié, dans une société qui maintiendrait, théoriquement et pratiquement, ce principe individualiste — dont les divers aspects du socialisme contemporain sont la naturelle conséquence. C'est aux sources chrétiennes qu'il convient de remonter pour en voir jaillir les principes du véritable féminisme.

L'Unité de la morale pour les deux sexes

Cours du R. P. Gilet, *O. P.*

Professeur à l'Institut Catholique de Paris.

Il n'y a qu'une morale pour les deux sexes : la raison et la foi sont d'accord sur ce point, où leurs enseignements se rejoignent, ainsi que leurs moyens de démonstration. Même conception fondamentale de la nature humaine à laquelle l'homme et la femme participent au même titre : conception identique de la morale en fonction de cette nature humaine et de ses exigences essentielles. D'où l'unité de la morale pour *les deux sexes.*

La plupart des auditeurs des Semaines Sociales s'intéressent à une œuvre ou s'en occupent activement. Un sacrifice leur est demandé, c'est de ne point se laisser distraire du travail de la Semaine par le souci de propager l'œuvre qui leur tient à cœur.

I. — Enseignements de la raison

L'unité de la morale prend sa source dans l'unité de la nature humaine à l'égard de laquelle les différences de sexe sont accidentelles. La morale est *une* parce que la *fin* qui commande l'activité humaine est *une*, comme la nature raisonnable à laquelle cette fin correspond. Entre la nature humaine et les actes humains destinés à perfectionner cette nature, il ne peut y avoir de solution de continuité, non plus qu'entre les actes humains et le bien rationnel ou *fin* qui correspond aux besoins essentiels d'une nature raisonnable.

Cependant notons que la nature humaine n'est pas simple dans les éléments essentiels qui la constituent, étant pétrie d'esprit et de matière, d'âme et de corps. Il s'agit dès lors de savoir quel est de ces deux éléments celui qui est le principe formel de l'activité humaine. Or l'expérience, comme la raison, nous obligent à admettre que c'est l'esprit sous l'aspect de la *personne*, par opposition à l'*individu* dont la matière est le principe.

C'est *moi*, personnellement, qui suis responsable des actes humains dont *je* suis la source, par l'intermédiaire de mon intelligence et de ma volonté libre, en face d'une fin qui s'impose à moi, au nom des besoins les plus profonds de ma nature raisonnable. Sans doute ma sensibilité *individuelle* n'est pas étrangère à cette activité personnelle de *moi* ; au contraire, elle fait partie essentielle de ce tout humain dont la *personne* représente et réalise l'*unité*, l'*identité* et l'activité, mais elle n'en est pas le principe actif, ni formel. Elle peut et doit être spiritualisée, humanisée par l'intervention du moi raisonnable humain ; mais si elle individualise ce moi *matériellement*, ce n'est pas elle qui le personnifie *spirituellement*.

Ceci posé, on peut déjà voir où portera l'*égalité* de l'homme et de la femme dans l'ordre moral, et d'où pourra venir leur *inégalité*.

La femme est de même nature que l'homme, une nature composée d'un corps et d'une âme, d'une âme douée de raison et de liberté qui a la même fin à réaliser, c'est-à-dire le même bien rationnel à poursuivre par des actes humains, fruits de son intelligence et de sa volonté libre. En un mot, la femme est une *personne humaine* au même titre que l'homme ; elle est donc son *égale* avec les mêmes devoirs à accomplir, et en conséquence les mêmes droits à accomplir ces devoirs, dans les mêmes conditions de dignité humaine et de liberté.

Mais cette égalité spirituelle n'empêche pas une certaine inégalité matérielle, celle-là précisément qui se traduit par la différence individuelle des sexes. C'est un *fait* contre quoi il n'y a pas à s'insurger, mais devant lequel il est raisonnable de s'incliner pour en tirer les conséquences *individuelles, familiales* et *sociales.*

a) *Conséquences individuelles.* — Elles sont surtout relatives à la vie intellectuelle et à la vie physique. Intellectuellement, la femme est aussi intelligente que l'homme, mais elle l'est autrement, et cette différence est due aux relations particulières que soutiennent entre elles l'intelligence et la sensibilité féminine. Physiquement, la physiologie de la femme la met, plus que l'homme, à la merci de la sensibilité. Même célibataire, la femme demeure organisée en vue de la maternité, et, de ce chef, asservie à certaines de ses exigences. Ces *différences* de sexe ont leur retentissement dans la vie familiale, et dans la vie sociale. Elles montrent bien à quel point il faut distinguer dans la femme la *personne* de l'*individu* pour pouvoir dégager avec clarté en quel sens profond elle est l'égale de l'homme, et en quel sens elle ne l'est pas.

b) *Conséquences familiales.* — La famille est un *tout naturel* dont les individus — père, mère et enfants — sont les parties, et ont le même droit de participation au *bien commun* familial pour mener leur vie *personnelle* d'être raisonnable et libre, c'est-à-dire leur vie morale. En tant que personne, dans la famille, la femme est l'égale de l'homme. Mais elle n'est pas son égale *individuellement.* Car la famille, comme toute société, réclame un *chef* qui ait la charge du bien commun, et ait les qualités de chef, qualités intellectuelles et physiques. Or nous savons que, individuellement parlant, et sauf exceptions accidentelles, l'homme est naturellement mieux doué que la femme pour remplir les fonctions de chef. Cependant, en matière d'éducation, où c'est la question de formation personnelle des enfants qui est en jeu, la mère est l'égale de l'homme. C'est comme *personne* qu'elle intervient pour élever ses enfants, et former leur personnalité. On peut même ajouter que ses qualités *individuelles* la rendent plus apte que l'homme à cette haute fonction.

c) *Conséquences sociales.* — Toute proportion gardée, les mêmes distinctions s'imposent dans la vie sociale entre la *personne* de la femme et son *individualité.* En tant que personne, et pour tout le domaine où s'étend l'activité morale de l'être humain, la femme a les mêmes *droits* que l'homme de se servir du bien commun, et le même *devoir* de le servir.

La collection des comptes rendus des Semaines Sociales s'épuise rapidement. Bientôt elle deviendra rarissime. Il est prudent et avantageux de l'acquérir au plus tôt. Le service de Librairie prend les commandes.

Mais sur cette égalité fondamentale et essentielle viennent se projeter certaines inégalités individuelles et accidentelles, qui, bien établies, aideront à résoudre certains problèmes posés par le féminisme : le gouvernement de la chose publique par les femmes, par exemple.

II. — Enseignements de la Foi

L'Eglise a pris en main, dès son origine, ce grand problème de l'unité morale pour les deux sexes. Avec vigueur elle a dégagé la nature essentielle de *personne*, et s'en est servie pour faire de la femme l'égale de l'homme en face de notre fin ultime à réaliser, et des moyens essentiels de réalisation.

De ce point de vue, l'Eglise a défendu les *droits de la femme* dans la famille et dans la société.

a) *Dans la famille*, contre les prétentions du mari à une *morale* privilégiée qui le dispenserait de certains *devoirs*, et lui donnerait tous les *droits ;*

b) *Dans la société*, l'Eglise a revendiqué pour la femme ses droits de *personne humaine* contre une société trop encline à faire de la femme un être irresponsable, un citoyen de seconde zone, reléguée dans les gynécées ou acculée à se faire l'esclave de l'homme, de ses passions, surtout en dehors du foyer.

Mais cette proclamation des droits de la personne humaine dans la femme, n'a pas empêché l'Eglise de faire leur part aux différences individuelles des sexes : *Protectrice de la famille*, l'Eglise s'y est toujours montrée l'ennemie de l'*individualisme*, et de l'égalité qu'il entraîne en face du bien commun. Par contre, elle a toujours soutenu les droits de la femme — et ses devoirs personnels — dans l'éducation de l'enfant.

Protectrice de la société, sur le terrain moral, l'Eglise n'a jamais montré de bienveillance pour le gouvernement de la société par les femmes ; pratiquement elle ne les a jamais admises dans son gouvernement. Mais on aurait tort de croire que l'Eglise rejette de ce chef la question du *vote* des femmes, qui est une question d'obligation morale, de devoir civique, dont l'exercice est compatible avec les qualités individuelles de la femme, et les exigences essentielles de la famille.

Le Christianisme et la Femme
Ce qu'il pense d'elle, ce qu'il fait d'elle

Cours du R. P. Albert VALENSIN, S. J.

Professeur à la Faculté de Théologie de Lyon.

Le Christ parait, dans l'Evangile, singulièrement accueillant à la femme. Ce fait a une grande portée sociale. Il suffit, pour s'en convaincre, d'observer, à travers les modalités d'une influence séculaire, ce que le christianisme pense de la femme et ce qu'il en fait.

I. — Ce que le Christianisme pense de la Femme

La femme est une *personne*. Elle a une *fonction propre* : aider l'homme à réaliser le bien d'une commune humanité, qui trouve son équilibre dans l'union des deux parties — homme et femme — qui la constitue.

Ni égalité absolue, ni sujétion servile ne conviennent à une compagne. Mais honneur et respect lui sont dus, d'autant plus qu'après avoir souffert longtemps de la déchéance originelle, la femme a été réhabilitée en sa nature et transformée en sa condition sociale par le choix que le Verbe de Dieu fit de la Vierge Marie pour être sa mère selon la chair.

Depuis lors s'est élevé, au milieu du monde, l'idéal de la virginité. Les hommes ont appris à estimer en leurs compagnes non seulement l'utilité de la fonction, mais encore et surtout la dignité de la personne. Ils ont mieux entendu l'amour. Ils ont vu que la créature, en s'attachant à la créature ne saurait qu'osciller sans cesse du fini de ses désirs à l'infini de sa puissance. Et ils ont salué dans « les vierges du Christ » la béatitude de l'amour divin.

Si le christianisme suggère une très haute idée de la femme, c'est qu'il a une très haute idée de Dieu.

II. — Ce que le Christianisme fait de la Femme

L'histoire le montre. Elle évoque sur la route des âges la femme que rencontre le christianisme : la juive et la grecque, la romaine et la barbare, l'orientale et l'occidentale, la primitive et la civilisée. Elle nous apprend que, dans la mesure où son influence fut profonde, il a fait de la femme deux choses :

La sympathie marquée pour les doctrines du Catholicisme social se traduit-elle toujours par une action constante et pratique ? Représentons-nous, dans le pays, une force de propagande ?

Il en fait un *type plus humain* d'humanité. Telles ces figures de vierges, d'épouses, de mères, de veuves qu'il a créées, dans les milieux sociaux les plus divers, par la vertu des institutions qu'il restaure, comme le mariage, ou qu'il innove, comme la virginité et la viduité chrétiennes. Telles encore ces figures de repenties, de martyres, de sœurs de charité et de moniales, dominant les pires décadences par la vertu de son esprit.

Le christianisme fait ensuite de la femme *un sujet plus conscient de nouveaux devoirs et de nouveaux droits.* Il avive en elle le sentiment de ses responsabilités au foyer domestique et dans la cité. Il stimule tour à tour, selon l'opportunité des temps, son action familiale, sociale, intellectuelle, missionnaire, réparatrice. Il inspire à l'héroïsme de sa foi, tantôt d'aller à travers le monde, tantôt de s'enfermer en quelqu'une de ces solitudes bénies, d'où la prière monte vers le ciel pour les Ninives impénitentes.

D'autre part, le christianisme suggère à la femme la revendication des droits qui dérivent de sa personnalité humaine et des convenances du bien commun. Il approuve les campagnes de l'opinion en leur faveur, qu'il s'agisse, par exemple, de ne plus tolérer l'esclavage qu'est la débauche légalement organisée, ou d'améliorer les conditions du travail féminin et son salaire. Et si le suffrage des citoyens se trouve être de fait, dans une démocratie, un moyen de servir l'Etat, en assurant une plus équitable répartition des charges, ce n'est certes pas, au nom du christianisme, que l'on déniera à la femme le droit de vote.

La société s'oriente peut-être vers un avenir menaçant. La femme chrétienne reste une espérance.

Ce que la Femme a fait pour le Christianisme

Cours de M. Georges Goyau,

de l'Académie Française.

I. — Le rôle de la femme dans l'Incarnation et dans la Rédemption : Marie vierge mère, Marie corédemptrice. Dieu voulut qu'une femme fût l'indispensable collaboratrice de sa réconciliation avec l'humanité.

Le rôle des femmes qui suivaient le Christ. Les premiers témoins de la résurrection furent des femmes. La résurrection, assise de la foi, fut d'abord annoncée par Madeleine. Des martyres de femmes scellèrent cette foi.

II. — Le rôle des femmes dans la conservation des deux sources de la foi. Ecritures et tradition.

a) Les Ecritures. Rôle du Cénacle féminin de saint Jérôme (Marcelle, Paule, Blesilla, Eustochium), pour la diffusion et la traduction des livres saints. Au point de départ de la Vulgate il y eut l'impulsion et la collaboration de l'intelligence féminine.

b) La tradition. Lorsqu'elle est menacée, à l'époque du Concile de Chalcédoine, c'est une femme, l'impératrice sainte Pulchérie, qui, aux applaudissements de Léon le Grand et du Concile, exerce un rôle de victorieuse défensive.

III. — Comment les femmes tirèrent parti, pour la diffusion de l'Evangile, de leur rôle dans la vie de la cité. Les reines de l'époque mérovingienne; les souveraines de l'Europe orientale au Moyen Age.

Le rôle des femmes dans l'histoire de la Papauté : comment la politique de libération spirituelle qui illustra Grégoire VII fut facilitée par le concours temporel de la comtesse Mathilde ; comment sainte Brigitte et sainte Catherine de Sienne renouèrent les liens entre la Chaire de Pierre et le sol où saint Pierre était mort, et ramenèrent la Papauté à Rome : comment l'action nationale de sainte Jeanne d'Arc préservait d'avance, sur le sol de France, l'intégrité de la conscience catholique.

IV. — Comment les rapports familiaux, comment les liens d'amitié furent tournés par les femmes au service de l'Eglise et du *Credo*.

V. — Le rôle historique de la femme spécialement consacrée à Dieu. La primitive Eglise : vierges, veuves, diaconesses. Le monachisme féminin : l'étape contemplative, l'étape sociale, l'étape missionnaire.

L'étape contemplative du monachisme féminin. Les répercussions de la piété féminine dans le domaine de la liturgie : la Fête-Dieu, le culte du Sacré-Cœur. La préparation des définitions dogmatiques par la piété féminine : l'Immaculée-

Il faut établir entre les hommes de doctrine et les hommes d'action une collaboration assidue. C'est le seul moyen de donner vie efficace à la doctrine et assises profondes à l'action.

Conception. Les femmes dans l'histoire de la mystique. L'exemple d'une Lorraine : Mechtilde du Saint-Sacrement.

VI. — L'étape sociale. Les vocations religieuses pour l'enseignement : les Ursulines. Les vocations pour les besognes de charité : Saint Vincent de Paul.

VII. — L'étape missionnaire. L'exode des religieuses vers les missions : Sœurs de Saint-Paul, de Saint-Joseph de Cluny. Exemples lorrains : Sœurs de Portieux, Catéchistes de Marie-Immaculée. Les Franciscaines missionnaires de Marie. Statistique des religeuses missionnaires. Une congrégation née d'hier et fille de la Grande Guerre : les petites servantes du Sacré-Cœur, missionnaires catéchistes des noirs.

VIII. — Le point culminant de l'action de la femme en faveur de l'Eglise: création, parmi les païennes d'hier, de congrégations féminines indigènes se faisant les auxiliaires des Missions. Les Amantes de la Croix en Annam ; les Vierges chrétiennes et les Présentandines en Chine : les Sœurs indigènes de l'Afrique Equatoriale.

L'Education de la Femme d'aujourd'hui

Cours de S. G. Mgr Julien,

Evêque d'Arras. Membre de l'Institut.

L'éducation, pour être complète, doit avoir un double objet ; le premier et le principal est de donner une direction générale aux facultés naturelles de l'enfant, sans prétendre tout d'abord à les appliquer à un usage pratique et déterminé, uniquement pour les rendre capables un jour de s'adapter aux nécessités de la vie, comme l'enfant doit apprendre à marcher pour marcher, avant de savoir où il doit aller.

Cette formation préalable et générale est à la base de l'éducation la plus rudimentaire. Même poussée très loin, comme elle l'est dans la culture classique, elle n'est pas le seul objet de l'éducation. Les facultés de l'âme, même cultivées, ne sont encore que des puissances. Pour être des instruments, elles devront s'adapter aux conditions actuelles de la vie, aux nécessités du temps et du milieu, et s'orienter, suivant l'attrait de la vocation ou simplement par la force des choses, vers l'emploi particulier qui les mettra en valeur. De là une direction nouvelle, spéciale, pratique, qui s'impose à l'œuvre de l'éducation, laquelle devient alors une école de la vie, une préparation aux carrières ou plus généralement à la fonction sociale et civique qui s'ajoute, du fait que les hommes vivent en société, à leur fonction personnelle. Appliquons ces principes à l'éducation de la femme dans le temps présent.

Une culture générale, à base d'humanités, convient-elle aux femmes ? A quel titre leur en refuser le bénéfice ? Certains objectent encore l'inégalité naturelle des sexes, et le temps perdu pour aller à l'encontre de l'œuvre du Créateur. Mais il ne s'agit pas de savoir de quel côté est l'excellence, il s'agit seulement de savoir si les esprits féminins valent la peine de recevoir une culture classique. Et pourquoi pas ?

Mais vous allez gâter le génie naturel de la femme qui est tout spontané et que le pédantisme menace toujours. Il n'est rien de tel pour échapper au pédantisme que de passer par une discipline rationnelle qui apprend à comprendre et non pas à s'enorgueillir de savoir plus que les autres. L'ennemie de la spontanéité de l'intelligence féminine n'est pas la formation humaniste, mais bien plutôt la surcharge de certains examens primaires.

Le résultat propre de la culture classique peut se définir le juste équilibre dans l'épanouissement des aptitudes. L'esprit des femmes en a peut-être plus besoin que celui des hommes. Leurs défauts et leurs qualités sont, sous ce rapport, un péril. Le secret de cet équilibre, c'est la raison ; or la raison a la première place dans la formation à base d'humanités. Raison, ce n'est pas seulement l'art de raisonner, ce qui se distingue quelquefois de la raison, c'est l'esprit de finesse qui suppose l'habitude de réfléchir, à l'exclusion de l'habitude de penser comme tout le monde et de dire ce qui se dit, comme de porter ce qui se porte, parce que c'est la mode. Mais encore, dira-t-on, cette éducation est un luxe. Non, même si la femme ne doit être que mère, la fonction maternelle est un second enfantement qui exige une formation préalable aussi distinguée que possible.

Mais, à la fonction maternelle s'en ajoute une autre : la fonction sociale, l'influence féminine proprement dite. Plus que jamais le besoin se fait sentir d'une élite féminine, plus nécessaire que jamais, en démocratie, surtout si le droit de vote est accordé aux femmes.

Penser ensemble, pour agir de concert, est une nécessité que comprennent à merveille les démolisseurs, mais qu'oublient trop volontiers les constructeurs.

L'éducation générale de la femme a besoin d'être complétée, par suite d'un fait nouveau, la nécessité pour beaucoup de femmes de gagner leur vie. On peut en gémir, mais cela ne sert de rien. Ne vaut-il pas mieux en prendre son parti et féliciter les jeunes filles qui ont le courage de s'assurer un gagne-pain. Je me couvre volontiers de la grande autorité de M. Isaac, l'éminent président de *La plus grande famille.* Le branle est donné. Le travail des jeunes filles commence à être à l'honneur. Nécessité des cours supérieurs de l'Université. Faut-il s'effrayer de ces mœurs nouvelles ? L'expérience est plutôt rassurante. La femme semble née pour l'enseignement. Les réformes universitaires ont contribué à élever le niveau des études féminines. Les écoles ménagères. les œuvres sociales attirent beaucoup, mais réclament une préparation sérieuse.

Dans l'éducation, le principe le plus éducatif est la religion. La religion fut jadis toute l'éducation. C'est l'Eglise qui fut la maîtresse d'école pour toutes les conditions et pour tous les degrés, en particulier, pour le sexe « dévot ». L'Eglise continue, et sans avoir les mêmes ressources ni en argent ni en sujets, elle fait bonne figure auprès de l'enseignement rival, même dans l'ordre des sciences profanes, et garde toujours la supériorité de sa discipline religieuse. Merveilleux effet de la religion sur la formation féminine ! S'il fallait opter entre une femme hautement cultivée sans religion, et une femme de foi agissante, mais sans instruction, je n'hésiterais pas. Voyez ce que la foi a fait de la femme du peuple — mais l'exemplaire unique de Jeanne d'Arc est à lui seul le meilleur argument.

L'Epouse et la Mère en Droit français

Cours de M. Emmanuel Gounot

Professeur aux Facultés Catholiques de Lyon.

Il s'agit d'étudier le statut juridique de l'épouse et de la mère au sein de l'institution familiale.

La situation de la femme dans la famille est l'œuvre des mœurs bien plus que de la loi. La loi, cependant, par les principes pratiques qu'elle formule et consacre, agit à la longue sur les idées et sur les mœurs. Et c'est en tout cas au droit positif et aux tribunaux créés par lui à résoudre les conflits, de plus en plus fréquents, qui troublent les foyers. En fait, les juges s'efforcent de remédier aux abus et de sanctionner tant bien que mal les devoirs de « protection » ou d' « obéissance », de « fidélité » et de « secours » ; ils donnent à la femme des « autorisations » que le mari refuse ; ils prononcent des divorces ou des séparations de corps ; ils proclament des déchéances, totales ou partielles, de la puissance paternelle.

Les textes de notre Code civil sur les « Droits et devoirs respectifs des époux » et sur la « Puissance paternelle » ne manquent pas de sagesse. Ils ne nous satisfont pas pleinement.

D'une part, en effet, la personnalité juridique de la femme et les droits propres qui doivent être les siens de par ses fonctions d'épouse et de mère, ne s'y trouvent pas suffisamment dégagés et affirmés. Sous prétexte que le mari a la « puissance » et que la femme a besoin de « protection », notre Code a tendance à oublier que la femme est essentiellement « semblable à l'homme » et que la nécessaire hiérarchie peut régner dans la famille sans que soit pour cela annihilée la personnalité propre de l'épouse et de la mère.

Et, d'un autre côté, l'idée fondamentale du *bien commun familial*, qui seule, d'après nous, explique, justifie et limite l'autorité du mari et du père, paraît avoir été trop étrangère à nos législateurs, qui se sont plutôt inspirés, plus ou moins consciemment, de conceptions romaines ou germaniques, bien moins conformes à la notion chrétienne de la famille et de l'autorité.

Il conviendrait, semble-t-il, de corriger ce qu'a d'excessif notre théorie juridique de l'incapacité de la femme mariée. Sous tous les régimes matrimoniaux, la femme devrait avoir une capacité assez étendue, notamment pour l'administration de sa fortune personnelle. Seuls les actes graves, susceptibles d'intéresser l'institution familiale elle-même et d'avoir une répercussion sur l'unité morale ou le bon ordre du foyer, exigent une autorisation du chef de famille.

Il faudrait aussi reconnaître à la femme un pouvoir propre, quoique subordonné, d'engager les biens communs pour les besoins courants du ménage ou pour l'entretien et l'éducation des enfants. Elle ne peut le faire, d'après notre jurisprudence, qu'en vertu d'un mandat tacite du mari. Cette conception du mandat tacite n'est qu'une fiction arbitraire et maladroite, qui méconnaît par trop les fonctions naturelles de l'épouse et de la mère au foyer.

A quoi bon, d'autre part, lorsque le mari est interdit, aliéné

Si, depuis vingt ans, tous les auditeurs des Semaines Sociales habitant nos grandes villes ou nos centres ruraux étaient restés en contact pour étudier et agir, le Catholicisme social aurait aujourd'hui une force irrésistible.

ou absent, c'est-à-dire lorsque la femme est en fait le chef de la famille, faire intervenir les juges, pour qu'ils exercent à la place du mari la puissance maritale, comme si la femme était atteinte, de par sa nature même, d'une irrémédiable incapacité juridique ? Cette intervention ne se justifie aucunement.

N'hésitons pas d'ailleurs à reconnaître aux Tribunaux un certain droit de contrôle sur l'usage que fait le chef de famille de son autorité ; car toute autorité, étant une mission, une fonction, peut être détournée de sa fin et aboutir à des abus. Mais c'est seulement pour la sauvegarde, dans des cas exceptionnels, de l'intérêt de l'enfant ou de la mère, ou plus exactement du bien commun familial, que ce contrôle doit intervenir, et non en vertu d'une sorte de vocation naturelle et générale de l'Etat à exercer lui-même l'autorité maritale et la puissance paternelle.

A noter enfin qu'une judicieuse intervention du juge dans les conflits graves et un légitime accroissement de la capacité juridique de la femme et de ses prérogatives propres comme mère de famille, rendraient plus aisément supportables certaines « séparations de fait », sans que la femme fût obligée, comme aujourd'hui, de recourir au remède extrême de la séparation de corps, qui n'est plus qu'un divorce à retardement.

La Reine du Foyer : La Femme, ordonnatrice de l'Economie domestique

Cours de M. Charles Boucaud,

Professeur aux Facultés Catholiques de Lyon.

La distinction du genre humain en deux sexes, moralement égaux, est l'application suprême d'une loi générale de la Nature universelle, qui distingue les êtres pour les mieux unir, et qui fait prévaloir dans toute la Nature l'élégance progressive d'un féminisme proportionnel à la noblesse relative de chaque genre.

Mâle et femelle, mais animal *raisonnable*, l'homme a pour fonction dans l'Univers de *spiritualiser la matière* en l'*élevant* au niveau de l'esprit. Cette tâche, essentiellement *éducative*, commence *dans la famille*, et se partage entre l'homme et la femme. Dans l'économie domestique de la famille *humaine*, où doit régner *l'esprit*, c'est à l'homme qu'appartient *la direction générale*, mais c'est à la femme qu'appartient plus particulièrement *l'ordonnancement* des détails. La femme est un agent de *coordination* intérieure et, par conséquent, d'harmonie et de beauté.

I. — Moins *rationnelle*, mais plus *spirituelle* que l'homme, parce qu'elle est plus *intuitive*, la femme a peu d'« esprit géométrique », mais beaucoup d'« esprit de finesse », et comprend surtout les raisons du « cœur ». Comme ses intuitions risquent d'être des illusions, elles ont besoin d'être contrôlées par la raison de l'homme. Mais l'homme, trop absorbé dans la pratique des affaires, risquerait de s'y matérialiser dans une vie toute économique, s'il ne trouvait dans la femme *une vestale de l'esprit*. La femme est ainsi un agent de spiritualisation pour son mari engagé dans la matérialité des affaires.

Elle attise au foyer le sentiment religieux, le sentiment artistique et même le goût de la culture générale que les hommes sont, de nos jours, si nombreux à délaisser pour les carrières lucratives.

Dans l'économie du péché originel, c'est Eve, la femme, qui a déclanché la chute de l'homme ; dans l'économie de la Rédemption, c'est Eve, la femme, qui doit faciliter le relèvement spirituel et surnaturel de l'homme.

II. — L'enfant, que, par une suite du péché originel, la femme enfante dans la douleur, commence par être longtemps engagé dans la matérialité et dans l'animalité du bas-âge. Mais la femme, par les soins qu'elle sait donner à l'enfance, est *l'artiste* qui transforme cette matière vivante en personne spirituelle. C'est à la douce *lumière* du sourire maternel que s'éveille l'esprit de l'enfant.

La tournure d'esprit intuitive de la femme la prédestine admirablement à la « *pédagogie* », qui utilise moins la méthode déductive et les raisonnements que la méthode *expérimentale* et les « *leçons de choses* ». C'est par la sensibilité et par le cœur que la femme conduit l'enfant à « l'âge de raison ».

La femme est ainsi un agent de spiritualisation pour l'enfant enlisé dans l'animalité du bas-âge.

III. — Comme elle a la spécialité de la pédagogie, la femme a aussi celle de l'« *économie* », qui n'est pas l'avarice, et qui

La collaboration entre les auditeurs anciens ou nouveaux des Semaines Sociales doit s'organiser par ville et par région. Elle facilitera le recrutement des auditeurs et la diffusion des enseignements des Semaines.

en est même exactement le contraire. Elle doit tenir les *comptes* de la maison, les petits comptes quotidiens du « ménage », pour « ménager » dans le détail les ressources générales procurées par l'homme.

Elle doit avoir horreur du *luxe*, qui est une *luxation économique*, et faire prévaloir une *sobriété* toute artistique dans la cuisine, dans la toilette et dans l'arrangement de la maison.

Mais cette sobriété intérieure doit être une source de *charité* extérieure, qui sache dépenser en bonnes œuvres ce qui n'a pas été gaspillé en vaines dépenses. Le *budget des œuvres* doit être un chapitre des comptes ; la charité est la floraison de l'économie.

La femme est ainsi un agent de spiritualisation pour le ménage engagé dans la matérialité des dépenses.

***

Comme la Famille est la *source* de l'Etat, la « reine du foyer » est, par conséquent, *l'institutrice de la cité*, et l'économie domestique est la *préface de l'économie politique*.

A l'école de la femme *ordonnatrice* de l'économie domestique, les futurs citoyens et serviteurs de l'Etat contractent le sens intime de l'*ordre*. Dans la contemplation quotidienne de l'ordre domestique, agencé par la femme, ils prennent un avant-goût de l'ordre public.

Quelles Professions ouvrir aux Femmes ? Comment les y orienter ?

Cours de M. Joseph Danel

Professeur à l'Université Catholique de Lille.

Professions féminines, travail de la femme : s'agit-il là d'une nouveauté ? Ce qui est nouveau et spécial à notre civilisation industrielle ce n'est pas que la femme travaille, c'est que, abandonnant les tâches domestiques qui ont été exclusivement les siennes pendant de longs siècles, elle aille hors du foyer participer à un travail collectif dont elle retire un salaire.

Ce fait est le produit de l'évolution économique. En industrialisant la production d'un grand nombre d'objets qui se faisaient autrefois au foyer, elle a libéré la femme d'une part de son travail domestique ; mais en même temps elle accroissait le besoin de ressources pécuniaires, moyen désormais unique de se procurer ces produits de l'industrie. Il s'en est suivi pour la femme la nécessité d'aller travailler à l'usine qui, de son côté, l'attirait par de nouvelles possibilités d'emploi. Simultanément, la femme a besoin de gagner un salaire et l'usine a besoin du travail de la femme.

Mais ce nouvel aspect de l'activité féminine ne dispense pas son auteur des tâches du foyer. Et à côté de la nouvelle profession, demeure la première qui réclame elle aussi du temps et une dépense de forces. Il y a donc pour la plupart des femmes deux activités, deux professions qui se superposent. Sont-elles compatibles ?

Il faut entre ces deux professions établir une hiérarchie ; car un ordre s'établit par la nature même des choses qui consacre la primauté des tâches domestiques et familiales. Il faut donc d'abord que les professions féminines tiennent compte de la coexistence des devoirs familiaux, et que dans la durée et dans l'aménagement des conditions de travail il soit tenu compte des nécessités de cette première profession. Il faut aussi déclarer en principe que la femme, mère de jeunes enfants, tant que n'est pas achevée leur éducation, ne peut accomplir au dehors aucun travail. Toute son activité se doit à la famille.

Les nécessités industrielles ne sauraient prévaloir contre le respect d'un ordre de qui dépendent la stabilité de la famille, l'avenir de la race et l'éducation des enfants.

Pas davantage ne saurions-nous nous incliner devant la solution socialiste qui, faisant de la maternité une fonction sociale, veut, du même coup, que tout le travail domestique d'entretien et d'éducation, de féminin devienne social. Cette hypothèse acceptée, il n'y aurait plus incompatibilité entre la maternité et le travail industriel de la mère.

Ces principes posés, quelles professions ouvrir aux femmes ? Toutes les professions ne leur conviennent évidemment pas au même degré.

S'il est des professions qui sont spécialement adaptées au tempérament féminin — telles, par exemple, toutes celles qui peuvent être considérées comme le prolongement de l'activité maternelle (infirmières, enseignement, etc.) et celles qui son un aspect du travail domestique (broderie, lingerie, mode, professions ménagères, etc.), il en est d'autres qui, exigeant un travail musculaire particulièrement pénible ou fatigant, ne peu-

L'Union d'Etudes des Catholiques Sociaux possède des sections à Paris, Lille, Roubaix, Tourcoing, Dunkerque, Le Havre, Rouen, Dijon, Nantes, Angers, Poitiers, Toulouse, Bordeaux, Marseille, Aix, Toulon, Nice, Lyon, Grenoble, Besançon. Faites-vous inscrire à ces sections ou fondez-en une s'il n'en existe pas chez vous.

vent s'ouvrir aux femmes : travail souterrain des mines, travail de nuit, entreprises de déchargement à bras, etc.

Pour toutes les professions qui s'excluent de ces deux catégories extrêmes, on peut poser les conditions suivantes à l'emploi du personnel féminin.

Il faut d'abord avoir soin de faire leur part à tous les cas spéciaux, individuels : il est impossible de poser en principe que le sexe seul soit une cause d'exclusion, il faut réserver la possibilité d'exceptions qui trouvent leur raison dans des dons eux-mêmes exceptionnels.

La première condition à poser fait appel à l'expérience. Il faut que la pratique qui est faite de la profession n'ait pas révélé des conditions inconciliables soit avec le tempérament féminin, soit avec les devoirs de la femme.

La seconde condition suppose une organisation de la profession : il faut qu'en fait les conditions du travail soient aménagées de manière à rendre possible l'accomplissement des autres tâches féminines. Ceci pose un problème d'organisation et amène la question du syndicalisme féminin.

Seul, en effet, un groupement composé de femmes peut résoudre dans le détail des questions aussi complexes et aussi délicates que ces questions d'aménagement. Au nom du recrutement et de la propagande aussi il faut réclamer l'existence de syndicats féminins. Mais ceci n'est pas briser l'unité nécessaire du syndicalisme, car ces syndicats doivent rentrer dans l'organisation d'ensemble du syndicalisme. C'est une question de mesure.

L'orientation professionnelle des femmes pose donc des problèmes plus délicats que celle des hommes. Il faut tenir compte des aptitudes personnelles et des conditions d'exercice de la profession eu égard au tempérament de l'individu. Mais il y a toujours à poser le problème de la convenance de la profession au rôle de la femme à son foyer. Ce rôle varie suivant les âges et les divers moments de la vie de la famille. Il demeure, au moment de l'orientation, une simple éventualité, comportant une large part d'inconnu ; il faut tenir compte de cette éventualité et se garder par une orientation défectueuse de rendre impossibles le mariage et la maternité. Il ne faut pas que la profession à aucun moment vienne supplanter la famille, à laquelle toute femme se doit d'abord.

La Protection de la Femme dans l'Industrie et le Commerce

Cours de M. Max Turmann,
Professeur à la Faculté de Droit de Fribourg.
Correspondant de l'Institut.

I. — Comment se pose le Problème

Le fait : le nombre croissant des femmes qui travaillent hors de leur foyer.

Inconvénients et dangers même de ce travail pour la santé morale et physique de la femme, pour l'accomplissement de ses devoirs d'épouse et de mère.

II. — Les Solutions proposées

a) La solution « abolitionniste » : interdiction à la femme d'exécuter un travail salarié hors de chez elle. Critique de cette solution, soit s'étendant à toutes les femmes, soit restreinte aux femmes mariées. Les inconvénients du travail à domicile.

b) La solution du féminisme libéral : pas de régime spécialement protecteur pour le travail de la femme ; même traitement pour la travailleuse que pour le travailleur. Critique de cette solution.

c) La solution adoptée par les catholiques sociaux : la protection de l'ouvrière et de l'employée. Raisons justifiant cette solution qui rallie aujourd'hui le plus grand nombre d'adhésions.

III. — La Législation française et étrangère protectrice de la Femme qui travaille

Dispositions principales des lois :

a) assurant la dignité morale de la femme qui travaille;

b) défendant sa santé et ménageant ses forces physiques;

c) protégeant dans l'ouvrière la jeune mère ;

d) permettant à la travailleuse de vaquer quelque peu aux soins du ménage ;

A l'origine des Semaines Sociales, on trouve l'initiative et l'influence d'une Revue : « La Chronique Sociale de France » qui reste l'organe des Semaines. Pour se tenir en liaison avec le Mouvement du Catholicisme social, le meilleur moyen est de s'abonner à la « Chronique ».

e) empêchant l'avilissement des salaires dans le travail à domicile ;

f) relevant la condition professionelle de la travailleuse en consacrant son droit sur son salaire et en lui donnant le droit d'élire et d'être élue dans les Conseils de prud'hommes, au Conseil Supérieur du Travail et dans différents organismes officiels.

Ententes internationales relatives au travail de la femme.

IV. — Action d'Associations diverses et des Syndicats professionnels pour compléter la Protection légale de la Femme qui travaille.

Ces groupements ont une triple fonction :

1° Ils veillent au respect des lois protectrices et en facilitent l'exécution ;

2° Ils s'efforcent de faire compléter ou modifier les lois actuelles par des dispositions légales nouvelles auxquelles parfois l'opinion publique a besoin d'être préparée et gagnée ;

3° Ils suppléent, par leur action, à l'absence de lois sur tel ou tel point où l'ouvrière et l'employée ont besoin d'être protégées.

Quelques exemples de cette triple fonction.

Conclusion

Le régime de la protection légale n'est donc point, pour les catholiques sociaux, un régime de paresse individuelle dans lequel la loi nous dispenserait de tout effort. Mais, par l'action concertée des pouvoirs publics, des groupements, professionnels ou autres, ainsi que des individus, on assurera de mieux en mieux, dans l'industrie et le commerce, la protection de la femme qui travaille et qui a droit à notre chrétienne sympathie.

La Femme dans la vie rurale

Cours de Mme DE KERANFLECH KERNEZNE

La Semaine Sociale de Rennes, consacrée à l'étude du « Problème de la Terre dans l'Economie nationale », a mis en lumière le rôle prépondérant que joue la Famille dans la prospérité agricole. La femme, qui tient dans la société familiale une place si importante, est, à son tour, un élément indispensable à la bonne marche d'une exploitation rurale. « On ne conçoit guère une entreprise agricole dirigée par un homme seul. » La femme collaboratrice de l'homme, voilà le cas normal et l'idéal à réaliser le plus possible ; la femme faisant ce que son mari n'a ni le temps, ni le goût de faire et où elle excelle : laiterie, beurrerie, aviculture, etc., disent les spécialistes (1).

Le travail *normal* de la femme dans l'agriculture est donc un travail de collaboration ; non qu'elle ne puisse, en un moment difficile, remplacer le chef de famille défaillant, infirme ou enlevé par la mort, mais, dans la pratique courante, elle a son domaine particulier, son activité propre, ses industries spéciales, qui ne sont pas celles de l'homme, mais facilitent et complètent la tâche de celui-ci, pour le plus grand bien de l'entreprise. A l'homme la production des subsistances, à la femme l'utilisation des ressources, les besognes qui demandent du soin, de la minutie, de la persévérance.

Contrairement à ce qui se passe dans un grand nombre de métiers féminins, l'activité professionnelle de la femme dans l'agriculture n'entraîne aucun conflit avec ses devoirs de mère et d'épouse. Elle semble plutôt une extension de ceux-ci.

Au point de vue physiologique et psychologique, le travail normal de la femme dans l'exploitation agricole convient admirablement à ses forces, à son tempérament, à ses aptitudes, à condition toutefois que ce travail ne soit pas excessif, comme il arrive parfois par suite du manque de main-d'œuvre, et n'entraîne pas un surmenage.

La vocation générale et commune de la femme étant la maternité, il convient que la carrière choisie par elle ne la détourne

---

(1) MM. GRIMAL, directeur de l'Ecole d'Agriculture de Blanquefort (Gironde), GUITTET, directeur de l'Ecole d'Agriculture d'Angers : rapports présentés au Congrès d'O. P., Bordeaux (1926).

Le Secrétariat de la Semaine Sociale tient à votre disposition un numéro spécimen de la « Chronique Sociale de France ». Il recevra, si vous le voulez, votre abonnement : six mois, 13 fr.; un an, 25 fr.

pas de cette fonction primordiale. Aucune ne s'associe plus aisément à la tâche maternelle que la profession agricole.

La terre a absolument besoin de la femme, non seulement pour utiliser les produits du travail de l'homme, mais pour créer à celui-ci un intérieur agréable, ennoblir et charmer la vie rurale, enraciner l'enfant au sol natal par une première éducation bien comprise.

II

Le rôle de la femme dans la vie agricole étant très complexe et d'autant moins aisé à remplir qu'en s'élevant dans l'échelle sociale, il déborde de toute part la besogne matérielle, elle a besoin pour être à la hauteur de sa mission d'une formation adaptée, sérieuse et profondément chrétienne. Cette formation doit commencer de très bonne heure :

1° Dans la famille, par l'éducation des habitudes et des goûts en vue de la vie rurale ;

2° A l'école ou au pensionnat. Si ceux-ci ne peuvent, étant donné le peu de temps dont ils disposent et la surcharge des programmes, préparer directement l'enfant à la vie rurale, il leur est toujours possible de le maintenir dans une atmosphère favorable à la famille paysanne et d'éviter toute critique ou toute comparaison susceptible de détacher l'enfant de son milieu;

3° Le grand effort pour enraciner la jeunesse féminine au sol devrait, après la famille, être fait par des œuvres post-scolaires, bien adaptées.

Ces œuvres sont :

1° *Nécessaires.* Avec la médiocre fréquentation scolaire de la campagne, une enfant de douze à treize ans, même pourvue du certificat d'études, et c'est le cas exceptionnel, n'est pas suffisamment préparée à la vie, son éducation doit être continuée ;

2° *Efficaces.* Elles prennent l'enfant à l'âge du plein essor de ses facultés à un âge où elle peut comprendre l'utilité de ce qu'on lui enseigne.

Ces œuvres doivent être :

3° *Spécialisées.* Déjà en rapport avec la besogne quotidienne de l'enfant ou de la jeune fille, elles ne l'en détournent pas ; au contraire, en lui apprenant à la mieux faire, elles lui en donnent le goût et l'attachent à une profession dont elle connaît mieux les ressources ;

4° *Educatives.* Elles devront chercher à donner à la jeune fille une formation complète, religieuse, morale, familiale, professionnelle. Tel est le but que visent les Cours d'Enseignement Ménager et d'Education Familiale, les Semaines Rurales, les Cercles de Fermières, les Associations de Jeunes, etc...

III

La création d'un *milieu favorable* à la vie rurale n'est guère moins indispensable que la formation de la jeunesse féminine. L'opinion publique étant une des grandes causes de la désertion des campagnes, quand elle sous-estime l'intelligence, le travail et la condition du paysan, il faut réagir contre cette opinion et redonner au cultivateur la fierté de son état. La femme d'un milieu supérieur, habitant la campagne, dégagée par les circonstances et la fortune des occupations purement matérielles, peut rendre, ici, de grands services. Elle a, dans l'action sociale et les œuvres qui s'y rattachent, un vaste champ offert à son dévouement. *Soulager, aider, élever* sont les principales formes que peut prendre cette action à la campagne.

La création d'un milieu favorable implique aussi certains progrès matériels ; les uns ont pour but d'alléger la fatigue physique de la paysanne (en la faisant bénéficier des découvertes de la science : instruments ménagers plus commodes, installation plus confortable, électricité et force motrice là où cela est possible); les autres de relever son moral en lui procurant des distractions saines, en lui facilitant la pratique d'une vie religieuse plus fervente et d'une activité professionnelle plus intelligente et plus réfléchie (Associations pieuses, Retraites, Cercles de Fermières).

En résumé, la profession agricole convient admirablement à la femme ; elle peut et doit y trouver le plein épanouissement de ses facultés et de ses talents, à condition de recevoir une sérieuse préparation et de trouver, ou de créer autour d'elle, un milieu favorable.

La désertion des campagnes étant en partie un problème féminin, tous nos efforts doivent tendre à inspirer à la femme l'amour de la terre, qui donne à la famille une stabilité plus grande, la place dans les meilleures conditions d'hygiène et de moralité et contribue largement à la prospérité du pays, puisque, dit un auteur anglais, « les familles rurales fortes, laborieuses et prospères sont l'épine dorsale de la nation ».

En vous abonnant dès ce mois d'août à la « Chronique Sociale de France », vous recevrez le numéro exceptionnel d'Août-Septembre, qui contiendra le compte rendu analytique des Cours de la Semaine.

La protection juridique de la Femme contre la séduction et ses conséquences

Cours de M. François Gény
Doyen honoraire,
Professeur à la Faculté de Droit de l'Université de Nancy.

Il est nécessaire d'envisager certains aspects, douloureux et affligeants, de la situation de la femme. Les desseins de Dieu, en vue de la propagation de l'humanité, ne se réalisent pas toujours conformément à l'ordre dans l'union légitime : le mariage.

Aperçu des désordres de mœurs, en tant qu'ils intéressent la condition de la femme et l'assujettissent à la domination de l'homme. Distinction entre la prostitution, ou débauche, et la séduction.

Notion de la séduction. Quand est-elle répréhensible ? Variétés de séduction suivant son origine. Nous ne considérons que la plus fréquente : séduction de la femme par l'homme en dehors du mariage. Comment elle se produit. Circonstances aggravantes. Ses résultats pernicieux pour la femme qui en est victime, éventuellement pour les enfants, pour la famille, pour la société.

Contre la séduction, mal individuel, familial, social, doivent lutter toutes les forces aptes à contenir, dans ses débordements, la conduite de l'homme en société : les Mœurs, la Morale, la Religion, le Droit. Part de chacune.

C'est la réaction proprement juridique contre la séduction que je dois étudier ici : elle seule va jusqu'au terme des sanctions effectives.

A la base de cette répression de la séduction par le Droit se trouvent des principes de Morale, individuelle et sociale, que seule la Religion peut préciser et vérifier.

Rôle de la doctrine de l'Eglise catholique en la matière. Statuant de haut, et par des préceptes souples, elle peut utilement inspirer et diriger le droit séculier ; elle permettra parfois même de le redresser.

Variété des sanctions édictées par le Droit contre la Séduction. La filiation naturelle et ses effets. Faute de temps, je me bornerai à considérer, pour en étudier les sanctions juridiques directes, la séduction en soi, dans les rapports de la femme séduite avec son séducteur.

Ainsi envisagée, la séduction constitue une atteinte à la justice individuelle, et parfois, avec certaines circonstances aggravantes, une atteinte à l'ordre social.

Quelques mots sur les peines publiques édictées par le droit canonique et par notre droit pénal contre certains cas de séduction aggravée : rapt, enlèvement de mineures.

Prenons maintenant la séduction comme source d'injustice privée. Ecartons les cas où elle fait tort à d'autres que la femme séduite. Il faut seulement insister sur l'injustice qui en résulte pour la femme et l'obligation de réparation qui s'en déduit.

Comment la théologie morale catholique détermine la séduction obligeant à réparation. Distinction entre la « fornicatio » et le « stuprum ». Celui-ci seul, qu'il faut entendre largement, constitue injustice caractérisée et exige réparation. Distinction, pour la réparation, suivant que le séducteur a promis le mariage ou non.

Dans quel cas le mariage promis doit être consenti. Hors de là, indemnité est due par équivalent, que fixera, faute d'accord amiable, le juge séculier. Ces obligations représentent un minimum que le droit civil de chaque pays peut augmenter.

Principes de la loi civile française touchant la séduction et ses conséquences pour la femme. En principe, la loi française ferme les yeux sur la *fornication*, même érigée en concubinage. Réserves de la jurisprudence à cet égard : conséquences juridiques attachées parfois au simple concubinage ou union libre.

Cas de séduction caractérisée. Responsabilité générale incombant au séducteur pour les préjudices subis par la femme séduite. Difficulté spéciale pour le préjudice, du fait des enfants nés à la suite de séduction, sous l'empire du Code Napoléon qui prohibait à peu près toute recherche de paternité naturelle. Comment la jurisprudence échappait à la difficulté. Cette difficulté s'est fort atténuée et a presque disparu depuis la loi du 16 novembre 1912, qui admet largement les recherches de paternité. Même, depuis cette loi, néanmoins, s'est maintenue la jurisprudence qui admet des actions en indemnité pour cause de séduction, du fait d'enfants, distinctes des actions en recherche de paternité naturelle. Conséquences de ce maintien. Résumé des principes de notre droit français actuel sur la réparation civile de la séduction en général.

Cas particulier de la séduction opérée par promesse de mariage. Divergence de principe avec le droit canonique touchant la validité et l'efficacité de la promesse de mariage. Effet propre d'une pareille promesse pour justifier la responsabilité du séduc-

La Semaine Sociale va finir. N'avez-vous rien oublié? La souscription au compte rendu? Un coup d'œil aux éditions de la Semaine Sociale? L'abonnement d'essai à la « Chronique Sociale »?.

teur qui y a manqué. Exigences de notre jurisprudence pour la preuve (par écrit) de la promesse de mariage émanée d'un séducteur. Influence de la loi du 16 novembre 1912 (art. 340, 2°, C. Civ.). Inconvénients de ces exigences pour la femme demandant réparation de la séduction. Notre jurisprudence a eu tort de dénier toute force obligatoire au contrat de fiançailles. La doctrine de l'Eglise pourrait lui ouvrir un utile redressement sur ce point.

Conclusion

La séduction reste, malgré tout, un mal social grave, qui ne comporte que des correctifs. Car « nos actes nous suivent ».

Combien l'Eglise a eu raison de consacrer et d'exalter le mariage régulier, solennellement contracté, indissoluble, comme seule union légitime !

En présence des désordres auxquels nous expose, malgré tout, la faiblesse de notre nature, il importe de faire pénétrer l'idée de la grave responsabilité morale et sociale qui s'attache à la séduction, dans l'esprit des jeunes gens et de leurs familles. Si l'expérience et la conscience ne parlent pas assez haut, la loi civile doit intervenir impitoyablement pour réprimer les excès et en diminuer le nombre.

La Femme dans la Vie internationale

Cours de Mgr Beaupin,
Secrétaire Général du Comité Catholique des Amitiés Françaises à l'Etranger.

Des efforts se poursuivent, à l'heure présente, pour la femme, et souvent par la femme, sur le plan international. Ils émanent, soit de divers organismes établis par la Société des Nations, soit de puissantes organisations privées qui s'appliquent à les provoquer et à les soutenir.

C'est à décrire et à apprécier les plus importants d'entre eux que sera consacrée cette leçon.

Pour pouvoir le faire plus commodément, on peut les répartir en trois catégories et les désigner sous les titres d'efforts en faveur de l'*éducation pacificatrice*, de la *moralisation familiale* et de la *civilisation générale*.

I. — L'Éducation pacificatrice

Dès 1921, la Société des Nations s'est rendu compte qu'elle n'atteindrait pas son but, tant que les idées dont elle se réclame ne seraient pas acceptées par l'opinion publique. Voilà pourquoi elle s'est préoccupée de faire enseigner à la jeunesse, d'une manière plus concrète, et avec plus de précision pédagogique, ses devoirs envers la communauté humaine.

Une telle initiative intéresse tout spécialement les femmes, tant à cause de leur horreur naturelle de la guerre qu'à cause de l'influence qu'elles exercent, soit au foyer, comme épouses et comme mères, soit dans l'enseignement, à ses divers degrés.

Il importe donc que les femmes catholiques prennent position à l'égard de cet effort, non seulement en s'opposant à la propagande de doctrines faussement humanitaires qui le feraient dévier de son but, mais encore en répandant celles qui sont conformes aux règles posées par l'Eglise, en matière de relations entre les peuples.

II. — La Moralisation familiale

L'article 23 du Pacte de la Société des Nations a confié à celle-ci le contrôle des conventions internationales qui ont pour but la lutte contre les fléaux sociaux et le meilleur aménagement des conditions générales de la vie.

Parmi les organismes créés à Genève, en vertu de cet article, on en retiendra trois :

Le Bureau International du Travail, qui relève, non seulement de l'article 23, mais encore et surtout de la Partie XIII du Traité de Versailles ;

La Commission consultative pour la Protection de l'enfance et de la jeunesse ;

La Section d'Hygiène de la Société des Nations.

A propos du *Bureau International du Travail*, faute de pouvoir entrer dans le détail de l'œuvre qu'il a déjà accomplie et supposant connues ses règles d'organisation, on insistera surtout sur le rôle que sa charte constitutive réserve aux femmes dans les Conférences internationales du Travail et dans le Bureau lui-même, ainsi que sur la manière dont il est possible, pour les associations féminines, d'entrer en relations avec lui.

En ce qui regarde la *Commission consultative*, on donnera un aperçu d'ensemble du champ très vaste de son activité, qui s'étend dans les domaines les plus divers et embrasse la plupart

Gardez précieusement ce livret qui contient, — nous l'espérons, — vos notes personnelles. Il vous servira d'aide-mémoire dans les causeries que vous ferez sur la Semaine Sociale de Nancy.

des questions qui, de près ou de loin, touchent à la protection de l'enfance et à la défense de la famille, autour de laquelle il s'agit de créer une atmosphère morale favorable à l'accomplissement de sa fonction sociale.

Par des exemples, on s'efforcera de montrer quel intérêt ont les organisations féminines catholiques à suivre les travaux de cette Commission et à utiliser, au moins, la documentation rassemblée par ses soins.

Sur la *Section d'Hygiène*, on donnera quelques indications générales qui en feront voir l'importance et l'utilité.

III. — La Civilisation générale

Sous ce titre, on rangera les efforts qui visent, plus spécialement, à améliorer le sort de la femme, dans les sociétés de moindre culture. Il y sera donc plus particulièrement question des actuelles survivances de l'esclavage, sous celles de ses formes qui affectent gravement les droits de la femme et de l'enfant. C'est tout le problème de la lutte contre la polygamie qui se trouvera ainsi abordé et dont il sera exposé de quelle manière il pourrait être résolu.

Pour conclure, sera tentée une synthèse de tous ces efforts, qui tendra à faire voir que, sur le plan international, l'activité féminine catholique doit développer sa collaboration à toutes ces initiatives, dans la mesure où elles correspondent aux principes chrétiens. Cette activité, déjà très remarquable, a besoin de prendre une cohésion plus forte que celle qu'elle possède déjà.

Tout porte à croire que, dans la vie internationale de demain, la femme aura une tâche à remplir qui peut être extrêmement bienfaisante. C'est à elle, peut-être, qu'il appartient de redresser le nombre d'erreurs morales et sociales qui ont viciées notre civilisation moderne.

La Femme dans la Cité :
La Femme et la Vie politique

Cours de M. Maurice Deslandres,
Doyen honoraire.
Professeur à la Faculté de Droit de Dijon.

La Cité, c'est le domaine de la souveraineté ; la femme, naguère vouée à la subordination, y a-t-elle sa place ? La vie politique, c'est la vie des pouvoirs politiques, vie de conflits, d'agitations ; la femme, apparemment faite pour la paix du foyer, doit-elle y participer ?

Hier encore, l'affirmative semblait hérésie.

Pourtant, la femme n'a jamais été, pour la Cité, l'étrangère :

Elle y jouit des droits de l'homme, qui sont droits de la femme.

Elle y est soumise aux mêmes autorités, aux mêmes ordres, aux mêmes charges que l'homme.

Elle contribue à la formation de l'opinion qui la domine.

Sa place est pourtant inférieure, faute de participation à la vie des corps politiques comme électrice ou éligible, d'où, dans notre société égalitaire, à son détriment, une profonde inégalité.

D'où l'importance du problème de sa conquête des droits politiques.

Problème qui domine toute la question du féminisme.

Problème aussi capital pour la société que pour la femme.

Problème d'actualité, qui vient d'agiter le monde entier, qui divise actuellement nos Assemblées et qui exige chez nous, pour le bien de la cité, une prompte solution.

Problème à étudier à la lumière des faits, parce que le vote et l'éligibilité des femmes sont aujourd'hui des faits mondiaux acquis.

La Carte mondiale du Suffragisme et le Mouvement suffragiste dans le Monde

L'avènement politique des femmes est un phénomène mondial presqu'achevé. Tous les continents en ont subi le développement. Enumération des pays suffragistes. Le fait, cette réalisation, dominent toute la question.

Ce bouleversement d'un statut millénaire s'est accompli en trois étapes. Avant la guerre, les conquêtes du suffragisme sont lentes et restreintes : Etats-Unis, Océanie, Pays scandinaves.

Vous continuerez chez vous la Semaine Sociale, en propageant et réalisant ses doctrines. Mais, comme ici, faites-nous part de vos désirs, de vos projets, de vos succès. Merci !

La guerre ; grande agitatrice, elle accélère le mouvement : Pays du Nord, Russie, nouveaux Etats des Etats-Unis, Angleterre, d'énormes blocs sont emportés. Après la guerre libératrice : vaincus et vainqueurs passent à la réforme. Tous les continents sont touchés, les pays latins entamés.

Les Idées-Forces en présence

L'énormité du mouvement, la longueur de la lutte font pressentir la grandeur des idées aux prises. Rapide revue des thèses suffragiste et anti-suffragiste. L'avènement de la femme à la vie économique devait d'ailleurs entraîner son avènement à la vie politique.

Les Enseignements des Faits

Les uns relèvent d'une philosophie générale de l'action.

a) Ils nous montrent une idée jugée folle, contre nature, admise un jour partout comme chose simple et naturelle ;

b) Ils nous montrent les infimes commencements d'un mouvement d'énorme importance ;

c) Ils nous montrent l'âpreté et la longueur des résistances qui doivent un jour fléchir.

Les autres nous éclairent sur la valeur du suffrage féminin :

a) Le caractère pacifique de la conquête prouve en faveur du caractère même des femmes et de l'innocuité de leur vote ;

b) La préférence marquée des femmes pour l'électorat plutôt que pour l'éligibilité est une manifestation de leur bon sens ;

c) Leur zèle électoral détruit l'objection courante tirée de leur prétendue indifférence politique ;

d) Le peu de trouble apporté dans l'équilibre des partis par le vote féminin détruit les préventions de leurs adversaires, leur tendance modérée s'affirme pourtant ;

e) Leur influence sur la législation en faveur de réformes concernant la moralité, la protection de la femme et de l'enfance, la santé publique, l'amélioration du sort des travailleurs, s'est partout manifestée, confirmant les thèses de leurs partisans.

Les femmes ont réussi leur expérience et gagné leur cause.

La France et le Problème des droits politiques des Femmes

Leurs revendications, chez nous, sont relativement récentes, elles n'ont jamais été ardentes. Les premières manifestations parlementaires suffragistes datent de 1901-1910.

En mai 1918, la Chambre des Députés, saisie d'une proposition limitée, l'élargit, et par 344 voix contre 97, se prononce pour l'égalité politique complète ; c'est le triomphe.

Le Sénat reste d'abord inerte, malgré de nouvelles manifestations de la Chambre. Puis, en novembre 1922, il aborde brusquement la question. Il clôt la discussion générale en refusant de passer à celle des articles, mais ce n'est que par 156 voix contre 134. Le barrage sénatorial paraît moins résistant qu'on ne pouvait croire. Le débat médiocre permit aux adversaires de la réforme de montrer que leur anticléricalisme était tout le fond de leur philosophie politique. En mars 1927, une manifestation de la commission sénatoriale s'est encore produite, à une très faible majorité, contre le vote des femmes.

Les nouveaux progrès du féminisme politique dans le monde, notamment à la Société des Nations, et chez les peuples latins, — l'admission des femmes comme électrices pour les Chambres d'agriculture et l'usage qu'elles ont fait de leur droit, — le devoir imposé aux femmes de participer, en cas de guerre, au service du pays, sont des faits qui ébranleront de plus en plus chez nous la résistance de leurs derniers et fléchissants adversaires.

L'avènement de la femme française à la vie politique se produira quand elle le voudra. Sa cause est gagnée, si elle veut la plaider elle-même.

Mais tout droit implique des devoirs, la femme doit se préparer à jouer le rôle qui va lui être confié. Le bulletin de vote entre ses mains devrait être un instrument de salut public.

Une feuille contenant la liste des visites et excursions de la Semaine est en dépôt au Secrétariat. Si vous ne la possédez pas il faut la demander.

La Femme dans la Cité :
La Femme et la Vie administrative

Cours de M. Georges Renard

Professeur à la Faculté de Droit de l'Université de Nancy.

Enchevêtrement de la vie politique et de la vie administrative. La participation de la femme à cette dernière souffre moins de difficultés. Elle paraît acceptable même aux yeux de ceux qui appréhendent son introduction dans la bataille des partis. Nombre de femmes sont obligées de gagner leur vie : pourquoi pas dans les carrières administratives aussi bien que dans le commerce et l'industrie ? Carrières professionnelles mises à part, il semble qu'en France surtout certaines circonstances soient favorables à l'accession des femmes aux fonctions administratives. Cependant des réserves s'imposent.

I. — Circonstances favorables a l'admission des femmes aux fonctions administratives.

1° *Le régime administratif français.* Son trait original est de constituer l'administration en pouvoir rival du gouvernement ; notre constitution administrative repose sur l'équilibre de l' « administratif » et du « politique ». Il ne s'agit, bien entendu, que d'une autonomie relative ; il n'en reste pas moins qu'elle est sérieusement protégée par le contrôle contentieux du Conseil d'Etat. Il y a là une raison d'admettre les femmes dans la vie administrative, quand même on jugerait opportun de les tenir à l'écart de la vie politique.

2° *Le développement des services administratifs.* La multiplication des services administratifs d'assistance, d'hospitalisation..., l'inclination des administrations départementales et communales à assumer des tâches sociales, économiques, commerciales même, la poussée qui vient de leur être imprimée dans cette direction par le décret du 26 décembre 1926, découvrent des fonctions de plus en plus nombreuses en rapport avec les aptitudes féminines. Il serait impertinent d'y reléguer les femmes dans les emplois subalternes ; il est expédient, pour le bien des services auxquels elles collaborent, de les associer aux travaux des assemblées et commissions qui les dirigent. C'est sous ce jour que doivent être envisagés l'électorat et l'éligibilité des femmes aux conseils généraux et municipaux.

3° *La décentralisation administrative.* La décentralisation par services prolonge la séparation de l' « administratif » et du « politique ». Comme celle-ci accuse l'autonomie de l'administration vis-à-vis du gouvernement, celle-là accentue l'autonomie des administrations spéciales vis-à-vis des administrations à compétence générale (Etat, départements, communes). Il est normal que l'entrée des femmes dans la vie administrative s'opère par cette porte (établissements publics, offices administratifs).

II. — Réserves a l'admission des femmes dans les fonctions administratives.

1° Il en est d'abord qui tiennent à la *nature féminine* et à la *vocation primordiale de la femme.*

D'une part, il y a des « officia virilia ».

D'autre part, la vocation première de la femme est d'être épouse et mère ; il y a des attributions administratives plus ou moins compatibles avec la garde du foyer.

2° Il est des réserves qui tiennent aux *exigences des services administratifs.*

D'une part, le personnel féminin est moins stable que le personnel masculin ; l'homme embrasse une carrière pour sa vie, la femme... en attendant l'occasion et la possibilité de rentrer au foyer. Les services publics ont besoin d'une stabilité que ne leur assure pas le personnel féminin.

D'autre part, les administrations publiques ont à se préoccuper du recrutement des chefs de service ; or, il est psychologiquement impossible de confier à des femmes les fonctions de chef dans les services à personnel mixte.

Pour ce double motif, il est parfaitement légitime de restreindre l'accès des femmes à certaines carrières. Illusion contenue dans la formule de l'égale accession des deux sexes à tous les emplois.

Conclusion

1° Où en est, *en France,* la question de la participation des femmes à la vie administrative ?

2° *En théorie,* le problème ne se résoud que par des directives ; pour le surplus, c'est affaire de mesure, d'opportunité politique et de prudence législative. La directive est double :

Le *Bien propre* de la femme, savoir le droit et le devoir de se développer selon sa nature et sa vocation ;

Le *Bien commun* de la collectivité, représenté ici par la bonne exécution des services publics.

9781

Vous pouvez vous procurer dès maintenant, au Service de Librairie, la brochure contenant le texte de la Déclaration d'ouverture de M. Dutholt. Ce texte ne paraîtra pas dans la « Chronique ».

www.ingramcontent.com/pod-product-compliance
Ingram Content Group UK Ltd.
Pitfield, Milton Keynes, MK11 3LW, UK
UKHW022107170726
13837UKWH00003B/1106

9 782329 087160